Impressum
Verlag: BABADADA GmbH, Nedderfeld 112 , 22529 Hamburg
Geschäftsführer / Verlagsleitung: Harald Hof
Druck: Books on Demand GmbH, In de Tarpen 42, 22848 Norderstedt

Imprint
Publisher: BABADADA GmbH, Nedderfeld 112 , 22529 Hamburg, Germany
Managing Director / Publishing direction: Harald Hof
Print: Books on Demand GmbH, In de Tarpen 42, 22848 Norderstedt

1

colegio
iskola

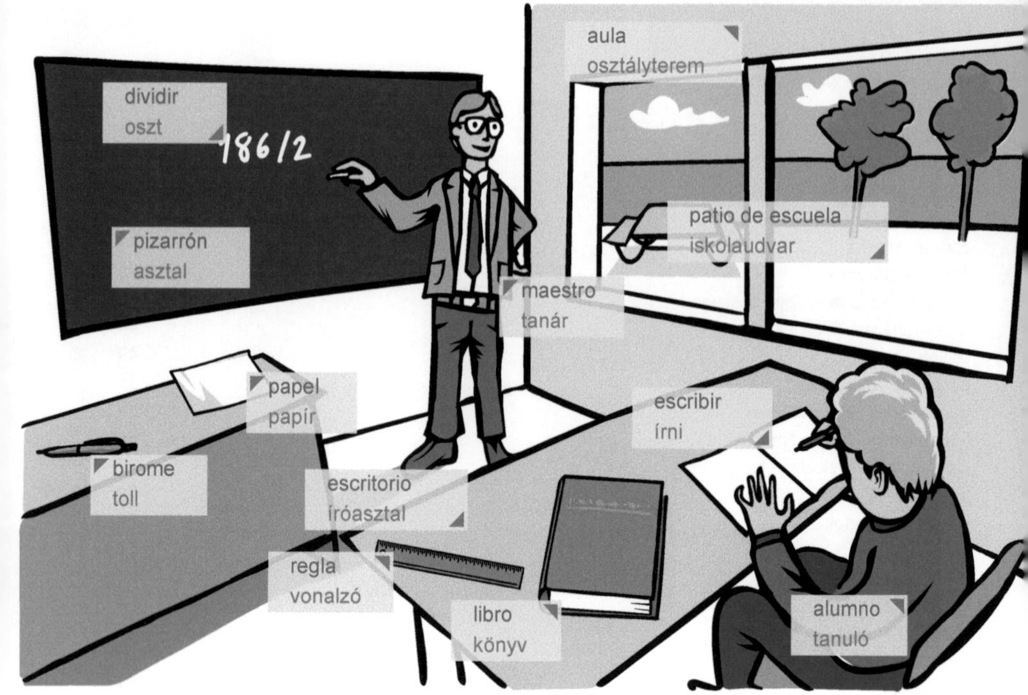
aula
osztályterem
dividir
oszt
186/2
pizarrón
asztal
patio de escuela
iskolaudvar
maestro
tanár
papel
papír
escribir
írni
birome
toll
escritorio
íróasztal
regla
vonalzó
libro
könyv
alumno
tanuló

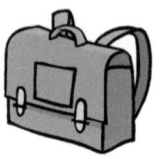

mochila

iskolatáska

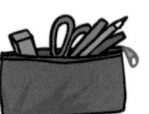

caja de lápices

tolltartó

lápiz

ceruza

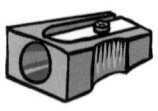

sacapuntas

ceruzahegyező

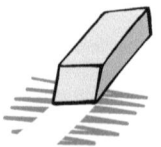

goma (de borrar)

radír

bloc de dibujo

rajzfüzet

dibujo
rajz

pincel
ecset

caja de pinturas
festőkészlet

tijera
olló

pegamento
ragasztó

cuaderno de ejercicios
munkafüzet

tarea
házi feladat

12

número
szám

2+2

sumar
összead

5-2

restar
kivon

2×2

multiplicar
szoroz

calcular
számol

A

letra
betű

ABCDEFG
HIJKLMN
OPQRSTU
VWXYZ

abecedario
ABC

hello

palabra
szó

texto

szöveg

leer

olvasni

tiza

kréta

lección

tanóra

cuaderno de clase

napló

examen

vizsga

certificado

bizonyítvány

uniforme escolar

iskolai egyenruha

educación

oktatás

enciclopedia

enciklopédia

universidad

egyetem

microscopio

mikroszkóp

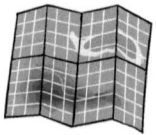

mapa

térkép

tacho (de basura)

papír-hulladék gyűjtő

viaje
utazás

hotel
hotel
Grand
hostel
szállás
ROOMS
EXCHANGE
casa de cambio
valutaváltó iroda
valija
bőrönd
auto
autó

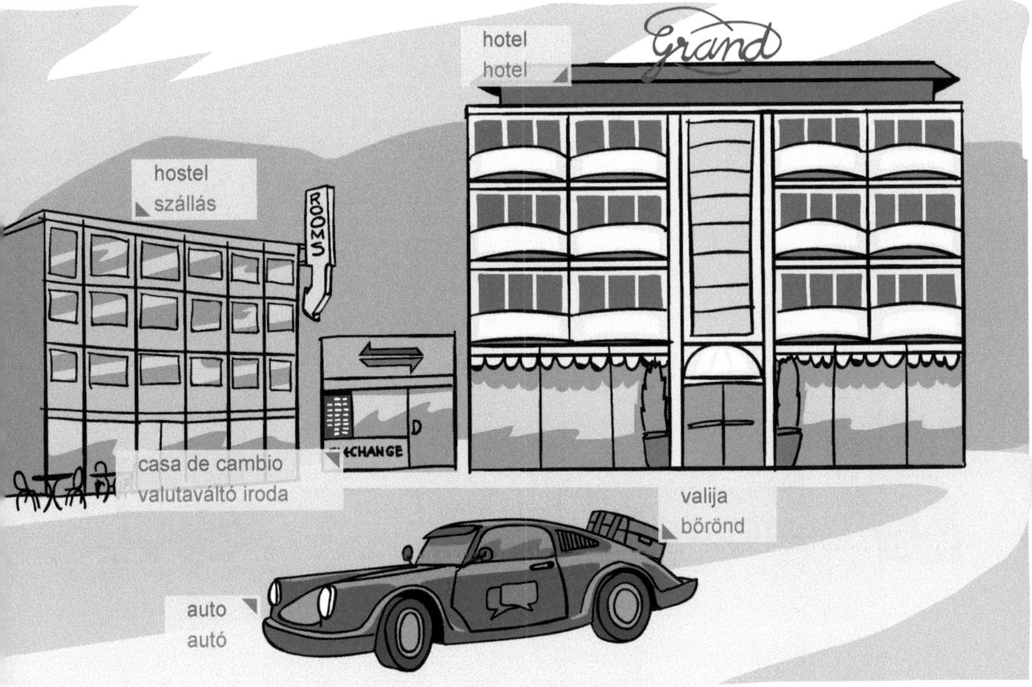

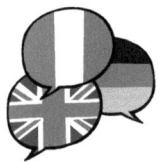

idioma

nyelv

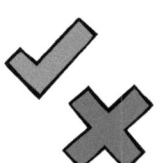

sí / no

igen/nem

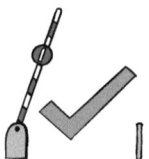

Está bien

rendben

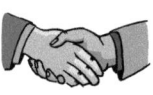

hola

szia

traductor

fordító

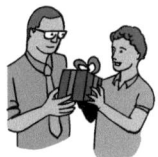

Gracias

köszönöm

¿cuánto cuesta...?

mennyibe kerül...?

No entiendo

nem értem

problema

probléma

¡Buenas tardes!

Jó estét!

¡Buenos días!

jó reggelt!

¡Buenas noches!

jó éjszakát!

adiós

viszontlátásra

dirección

útirány

equipaje

poggyász

bolso

táska

mochila

hátizsák

invitado

vendég

habitación

szoba

bolsa de dormir

hálózsák

carpa

sátor

información turística

turista információ

playa

strand

tarjeta de crédito

hitelkártya

desayuno

reggeli

almuerzo

ebéd

cena

vacsora

pasaje

jegy

ascensor

lift

sello

bélyeg

frontera

határ

aduana

vám

embajada

nagykövetség

visa

vízum

pasaporte

útlevél

transporte

közlekedés

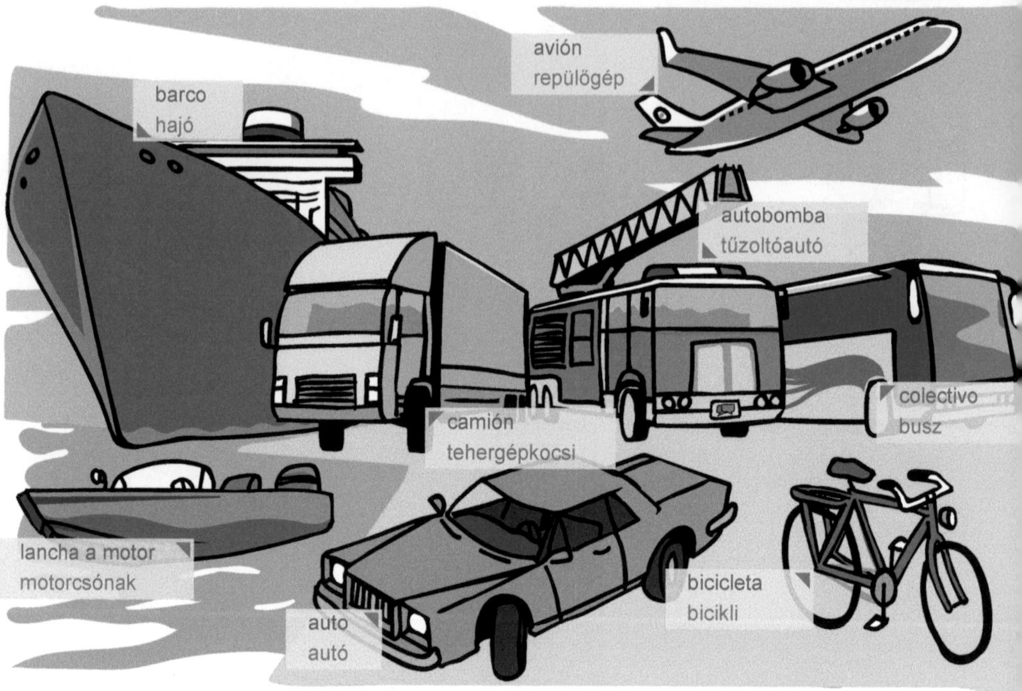
avión
repülőgép
barco
hajó
autobomba
tűzoltóautó
colectivo
busz
camión
tehergépkocsi
lancha a motor
motorcsónak
bicicleta
bicikli
auto
autó

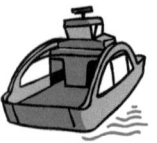

ferry

komp

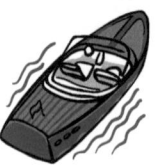

bote

csónak

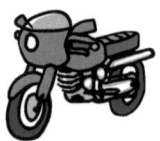

moto

motorkerékpár

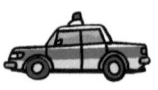

patrullero

rendőrautó

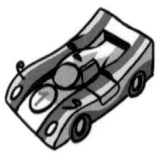

auto de carreras

versenyautó

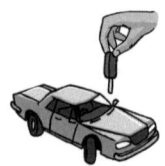

auto de alquiler

bérautó

alquiler de autos

telekocsi

grúa

vontató

camión de basura

szemetes autó

motor

motor

nafta

üzemanyag

estación de servicio

benzinkút

señal de tránsito

közlekedési tábla

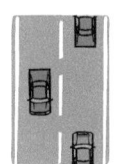

tránsito

forgalom

embotellamiento

forgalmi dugó

estacionamiento

parkoló

estación de tren

vonatállomás

vías

sínek

tren

vonat

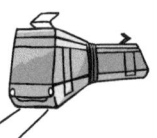

tranvía

villamos

vagón

vagon

helicóptero

helikopter

aeropuerto

repülőtér

torre

torony

pasajero

utas

contenedor

konténer

caja de cartón

kartondoboz

carretilla

taliga

canasta

kosár

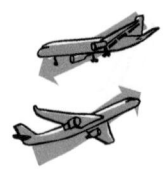

despegar / aterrizar

felszáll / leszáll

ciudad
város

pueblo

falu

centro de ciudad

városközpont

casa

ház

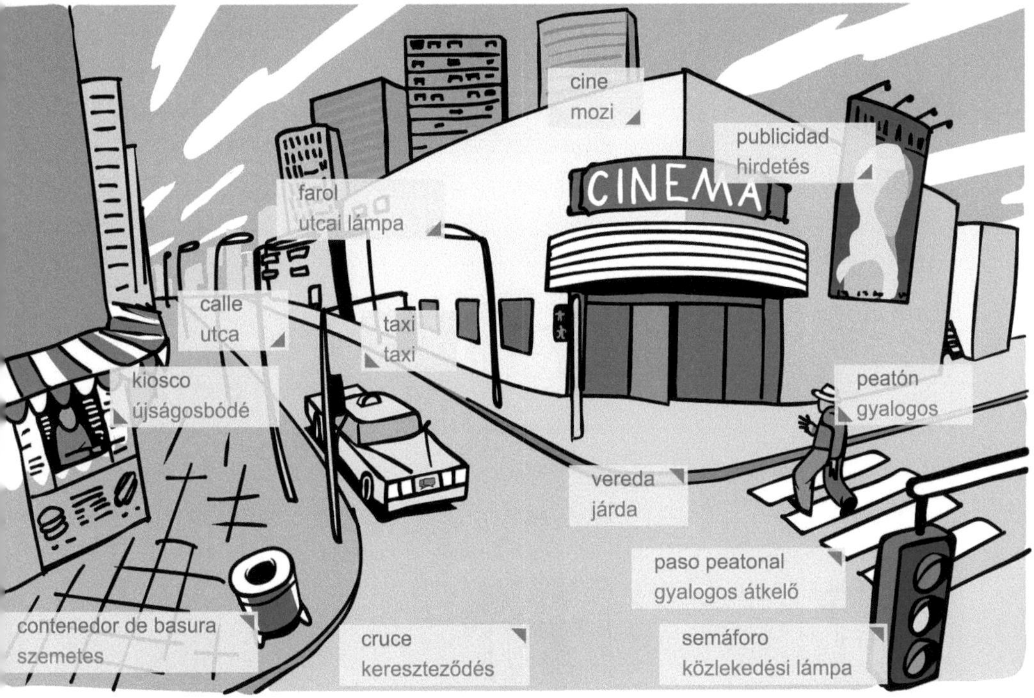

cine
mozi
publicidad
hirdetés
CINEMA
farol
utcai lámpa
calle
utca
taxi
taxi
kiosco
újságosbódé
peatón
gyalogos
vereda
járda
paso peatonal
gyalogos átkelő
contenedor de basura
szemetes
cruce
kereszteződés
semáforo
közlekedési lámpa

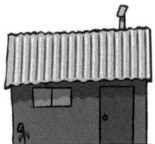

cabaña

kunyhó

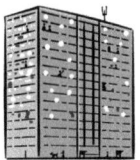

departamento

lakás

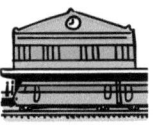

estación de tren

vonatállomás

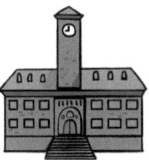

municipalidad

városháza

MUSEUM

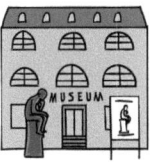

museo

múzeum

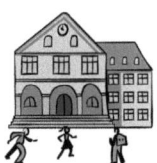

colegio

iskola

universidad

egyetem

banco

bank

hospital

kórház

hotel

hotel

farmacia

gyógyszertár

oficina

iroda

librería

könyvesbolt

negocio

üzlet

florería

virágüzlet

supermercado

szupermarket

mercado

piac

grandes tiendas

áruház

pescadería

halárus

centro comercial

bevásárló központ

puerto

kikötő

parque

park

banco

pad

puente

híd

escaleras

lépcső

subte

metró

túnel

alagút

parada del colectivo

buszmegálló

bar

bár

restaurante

étterem

buzón

postaláda

letrero

utcatábla

parquímetro

parkoló óra

zoológico

állatkert

pileta

uszoda

mezquita

mecset

granja
gazdálkodás

contaminación
környezetszennyezés

cementerio
temető

iglesia
templom

juegos infantiles
játszótér

templo
szentély

paisaje
táj

hoja
levél

poste indicador
útjelző tábla

camino
út

pradera
rét

piedra
kő

árbol
fa

excursionista
túrázó

río
folyó

hierba
fű

flor
virág

valle

völgy

montaña

domb

lago

tó

bosque

erdö

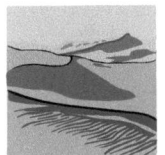

desierto

sivatag

volcán

vulkán

castillo

kastély

arco iris

szivárvány

champiñón

gomba

palmera

pálmafa

mosquito

szúnyog

mosca

légy

hormiga

hangya

abeja

méhecske

araña

pók

escarabajo

bogár

rana

béka

ardilla

mókus

erizo

sündisznó

liebre

nyúl

lechuza

bagoly

pájaro

madár

cisne

hattyú

jabalí

vaddisznó

ciervo

szarvas

alce

rénszarvas

presa

gát

aerogenerador

szélturbina

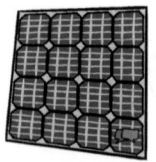

panel solar

napelem

clima

éghajlat

paisaje - táj

restaurante

étterem

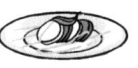

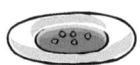

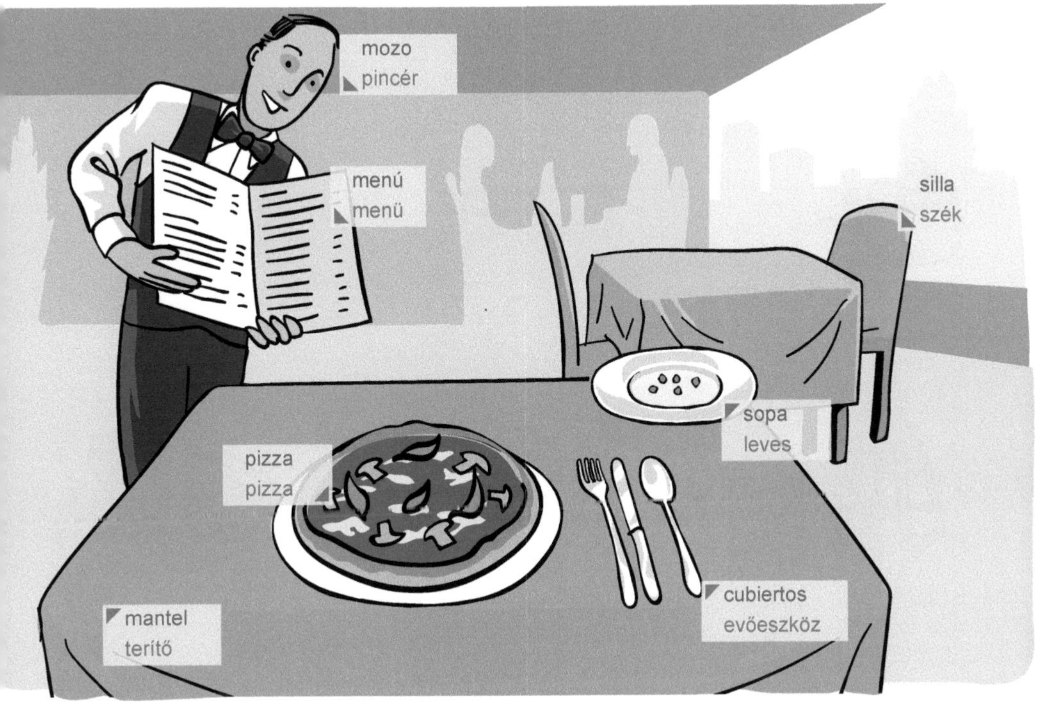
mozo
pincér
menú
menü
silla
szék
sopa
leves
pizza
pizza
cubiertos
evőeszköz
mantel
terítő

entrada
....
előétel

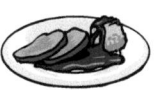

plato principal
....
főétel

postre
....
desszert

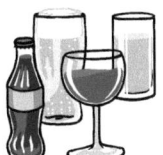

bebidas
....
italok

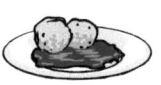

comida
....
étel

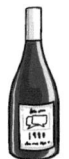

botella
....
üveg

comida rápida

gyorsétel

comida callejera

gyorsétel

tetera

teás kanna

azucarera

cukortartó

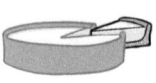

porción

adag

cafetera expreso

eszpresszógép

sillita alta

bárszék

cuenta

számla

bandeja

tálca

cuchillo

kés

tenedor

villa

cuchara

kanál

cucharita

teáskanál

servilleta

szalvéta

vaso

pohár

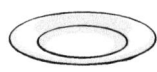

plato
tányér

plato hondo
leveses tányér

plato
csészealj

salsa
szósz

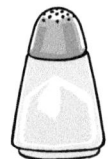

salero
sószóró

molinillo de pimienta
borsőrlő

vinagre
ecet

aceite
étkezési olaj

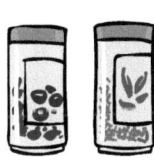

especias
fűszerek

kétchup
ketchup

mostaza
mustár

mayonesa
majonéz

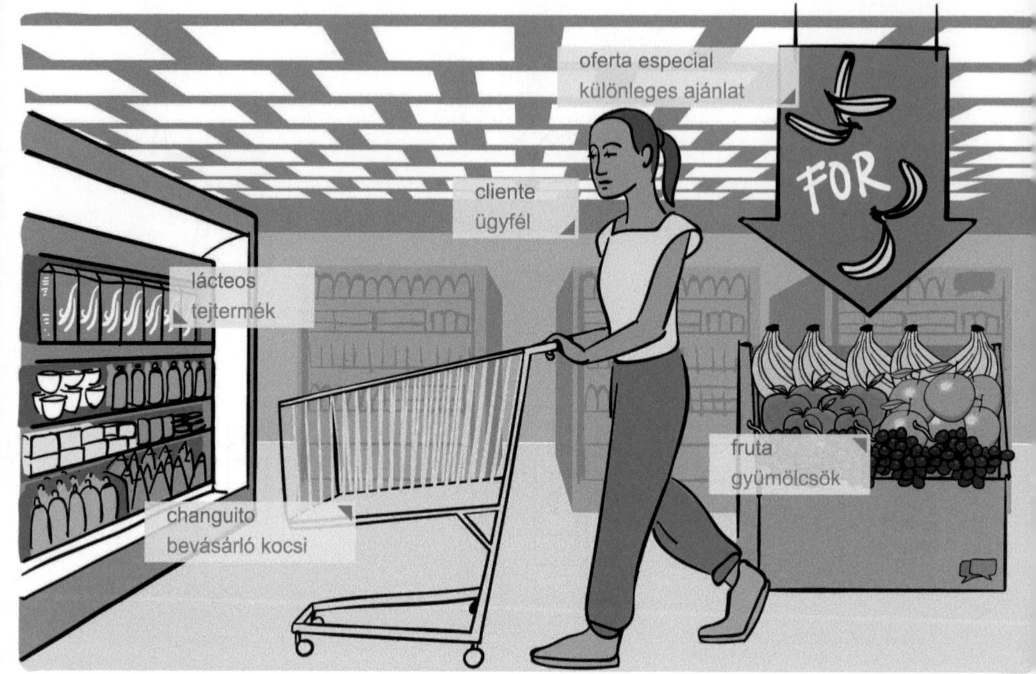

oferta especial
különleges ajánlat

cliente
ügyfél

FOR

lácteos
tejtermék

fruta
gyümölcsök

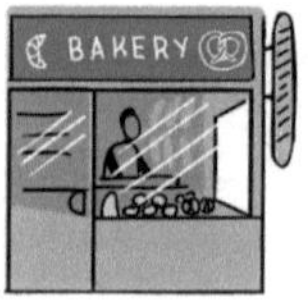

changuito
bevásárló kocsi

carnicería	panadería	pesar
hentes	pékség	nyom valamennyit
	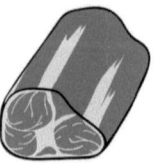	
verduras	carne	alimentos congelados
zöldség	hús	fagyasztott áru

fiambres

felvágott

alimentos enlatados

konzerv

detergente en polvo

mosópor

golosinas

édességek

electrodomésticos

háztartási termék

productos de limpieza

tisztítószerek

vendedora

eladó

caja

pénztárgép

cajero

eladó

lista de compras

bevásárló lista

horario de atención

nyitva tartás

billetera

levéltárca

tarjeta de crédito

hitelkártya

cartera

zacskó

bolsa de plástico

műanyag zacskó

agua

víz

jugo

gyümölcslé

leche

tej

bebida cola

kóla

vino

bor

cerveza

sör

alcohol

alkohol

cacao

kakaó

té

tea

café

kávé

café expreso

eszpresszó

cappuccino

kapucsínó

comida

banana

banán

manzana

alma

naranja

narancs

melón

sárgadinnye

limón

citrom

zanahoria

sárgarépa

ajo

fokhagyma

bambú

bambusz

cebolla

hagyma

champiñón

gomba

nueces

magvak

fideos

nokedli

tallarines

spagetti

arroz

rizs

ensalada

saláta

papas fritas

sült krumpli

papas fritas

sült burgonya

pizza

pizza

hamburguesa

hamburger

sándwich

szendvics

churrasco

hússzelet

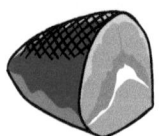

jamón

sonka

salame

szalámi

salchicha

kolbász

pollo

csirke

asado

pecsenye

pescado

hal

copos de avena

zabkása

muesli

müzli

copos de maíz

kukoricapehely

harina

liszt

medialuna

croissant

pancito

zsemle

pan

kenyér

tostada

pirítós kenyér

galletitas

keksz

manteca

vaj

cuajada

túró

torta

sütemény

huevo

tojás

huevo frito

tükörtojás

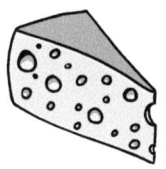

queso

sajt

helado

jégkrém

azúcar

cukor

miel

méz

mermelada

lekvár

pasta de chocolate

mogyorókrém

curry

curry

comida - étel

granja
gazdálkodás

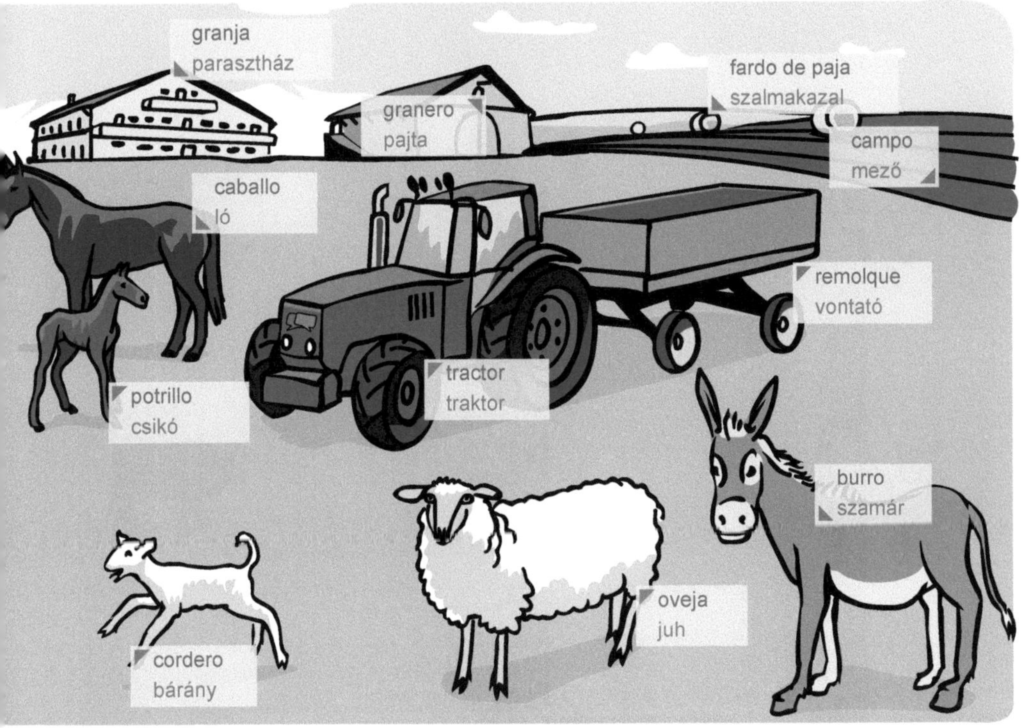
granja
parasztház
granero
pajta
fardo de paja
szalmakazal
campo
mező
caballo
ló
remolque
vontató
potrillo
csikó
tractor
traktor
burro
szamár
oveja
juh
cordero
bárány

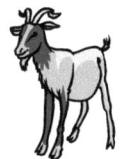

cabra
kecske

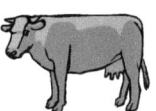

vaca
tehén

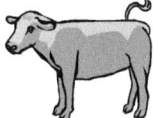

ternero
borjú

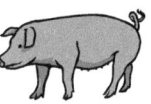

cerdo
malac

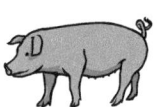

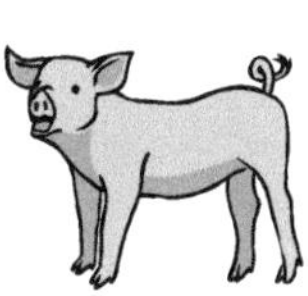

lechón
kismalac

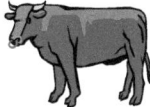

toro
bika

ganso
liba

pato
kacsa

pollo
csibe

gallina
tojó

gallo
kakas

rata
patkány

gato
macska

ratón
egér

buey
ökör

perro
kutya

cucha
kutyaház

manguera
kerti öntözőcső

regadera
öntözőkanna

guadaña
kasza

arado
eke

hoz

sarló

azada

kapa

horquilla

vasvilla

hacha

fejsze

carretilla

talicska

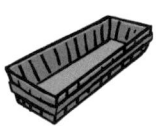

abrevadero

teknő

lechera

tejes kancsó

bolsa

zsák

reja

kerítés

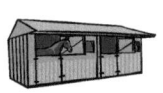

establo

istálló

invernadero

üvegház

suelo

talaj

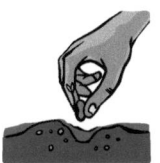

semilla

vetőmag

fertilizador

trágya

cosechadora

cséplőgép

cosechar

szüretelni

cosecha

betakarítás

batatas

yamgyökér

trigo

búza

soja

szója

papa

burgonya

maíz

kukorica

semilla de colza

repcemag

árbol frutal

gyümölcsfa

mandioca

manióka

cereales

gabona

casa
ház

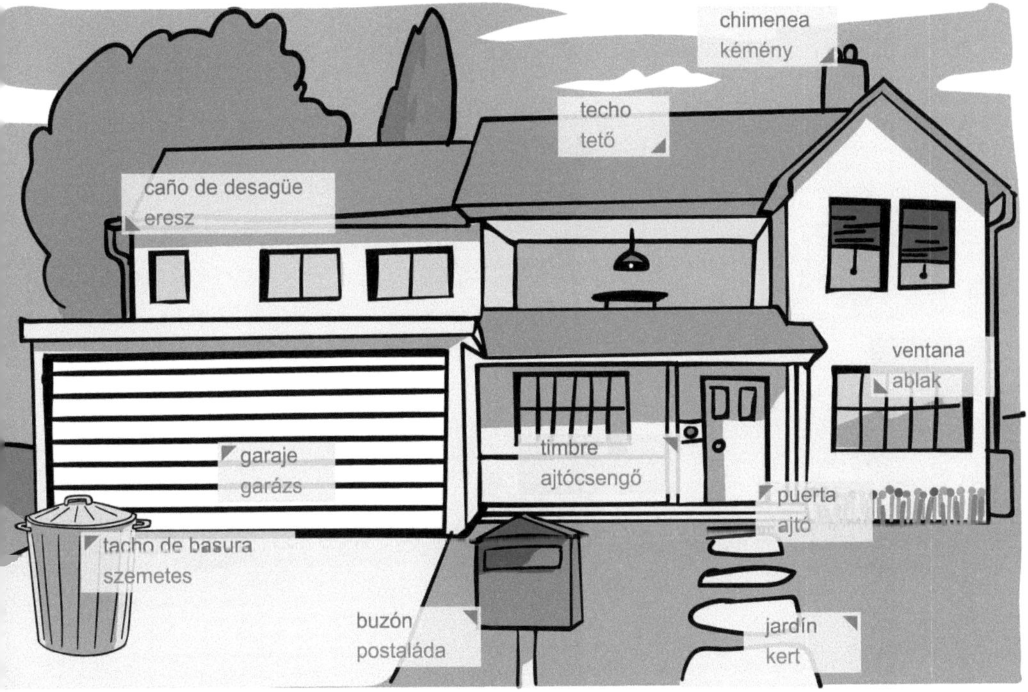
chimenea
kémény
techo
tető
caño de desagüe
eresz
ventana
ablak
garaje
garázs
timbre
ajtócsengő
puerta
ajtó
tacho de basura
szemetes
buzón
postaláda
jardín
kert

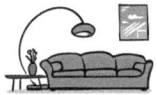

living
nappali

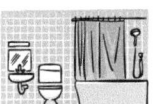

baño
fürdőszoba

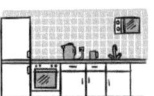

cocina
konyha

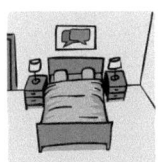

dormitorio
hálószoba

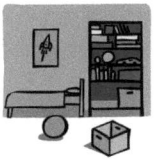

cuarto de los chicos
gyerekszoba

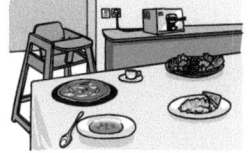

comedor
ebédlő

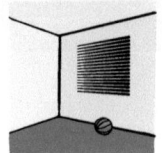

piso

padló

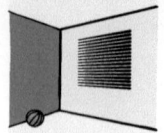

pared

fal

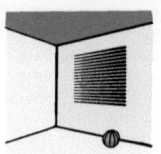

cielorraso

plafon

sótano

pince

sauna

szauna

balcón

erkély

terraza

terasz

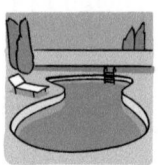

pileta

medence

cortadora de pasto

fűnyíró

sábana

lepedő

acolchado

ágytakaró

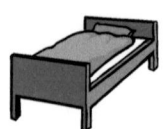

cama

ágy

escoba

seprü

balde

vödör

interruptor

kapcsoló

living
nappali

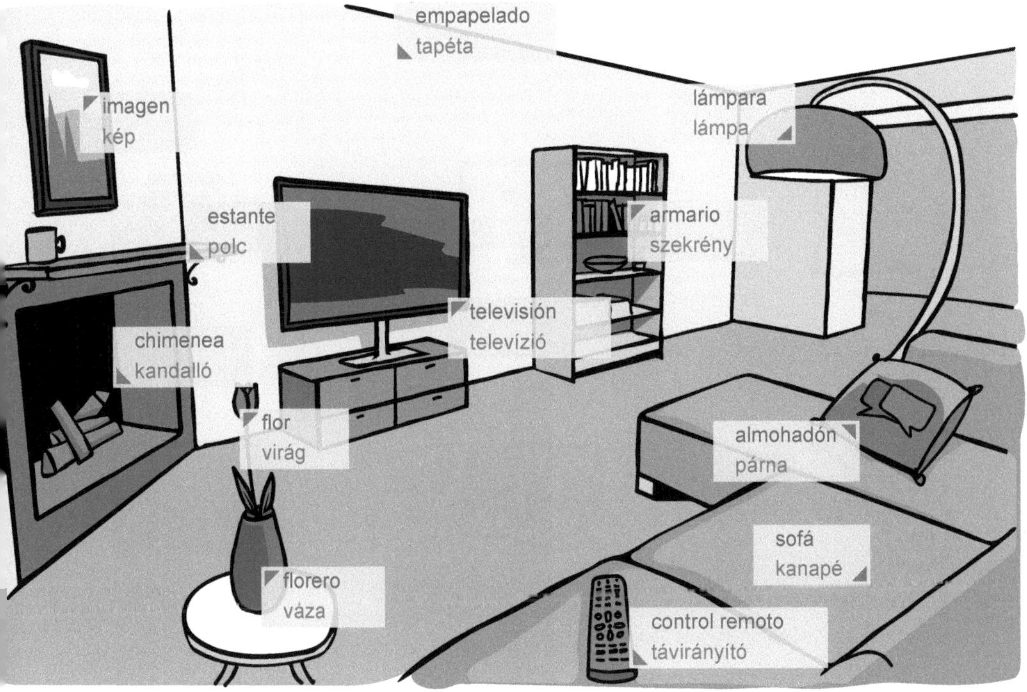
empapelado
tapéta
imagen
kép
lámpara
lámpa
estante
polc
armario
szekrény
televisión
televízió
chimenea
kandalló
flor
virág
almohadón
párna
sofá
kanapé
florero
váza
control remoto
távirányító

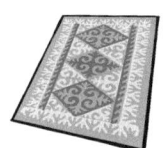

alfombra

szőnyeg

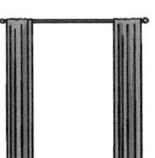

cortina

függöny

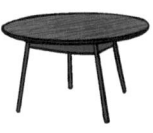

mesa

asztal

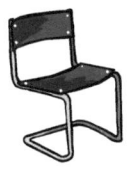

silla

szék

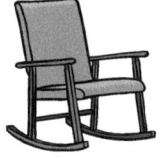

mecedora

hintaszék

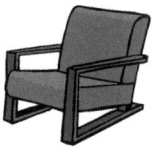

sillón

karosszék

libro

könyv

frazada

takaró

decoración

dekoráció

leña

tűzifa

película

film

equipo de música

hifi

llave

kulcs

diario

újság

pintura

festmény

póster

poszter

radio

rádió

cuaderno

jegyzetfüzet

aspiradora

porszívó

cactus

kaktusz

vela

gyertya

cocina
konyha

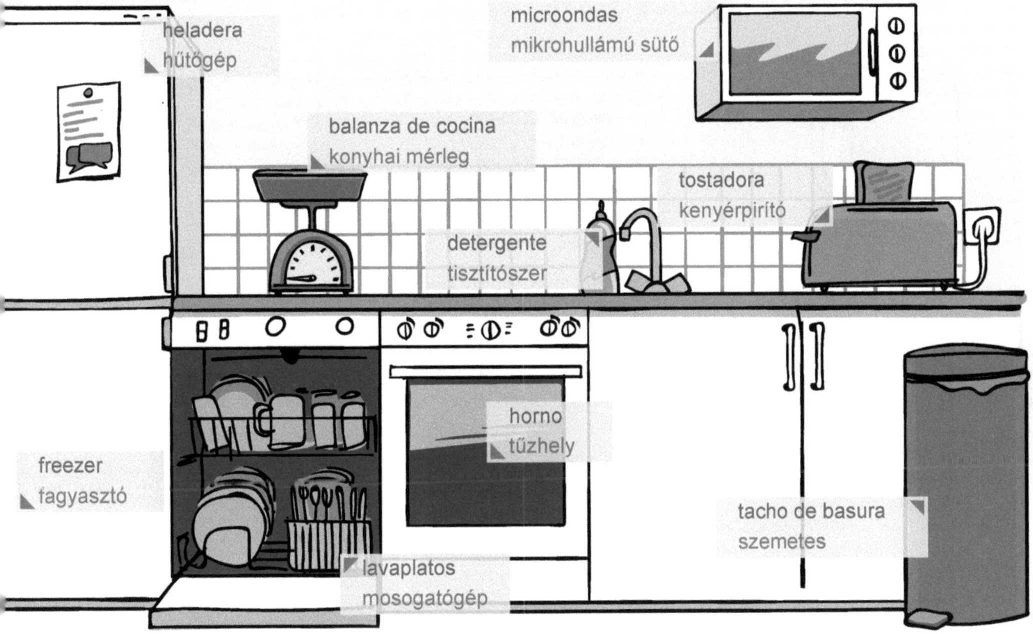

heladera
hűtőgép
microondas
mikrohullámú sütő
balanza de cocina
konyhai mérleg
tostadora
kenyérpirító
detergente
tisztítószer
horno
tűzhely
freezer
fagyasztó
tacho de basura
szemetes
lavaplatos
mosogatógép

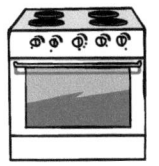

cocina
tűzhely

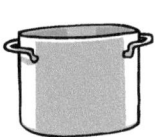

olla
edény

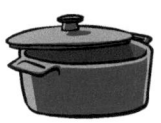

olla de hierro fundido
vasfazék

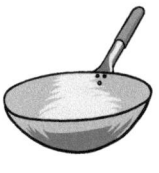

wok
wok / kadai

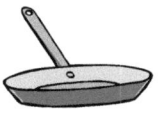

sartén
serpenyő

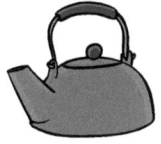

pava
vízforraló

vaporera

páruló

bandeja de horno

tepsi

vajilla

étkészlet

taza

bögre

bol

tálka

palitos

evőpálcika

cucharón

merőkanál

estpátula

keverőlapátka

batidora

habverő

colador

szűrő

colador

szita

rallador

reszelő

mortero

mozsár

parrilla

grillsütő

fogata

kandalló

tabla de picar

vágódeszka

palo de amasar

sodrófa

sacacorchos

dugóhúzó

lata

doboz

abrelatas

konzervnyitó

manopla

edényfogó

pileta

mosogató

cepillo

kefe

esponja

szivacs

batidora

turmixgép

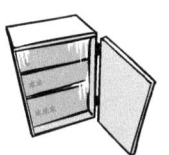

congelador

mélyhűtő

mamadera

cumisüveg

canilla

csap

cocina - konyha

baño
fürdőszoba

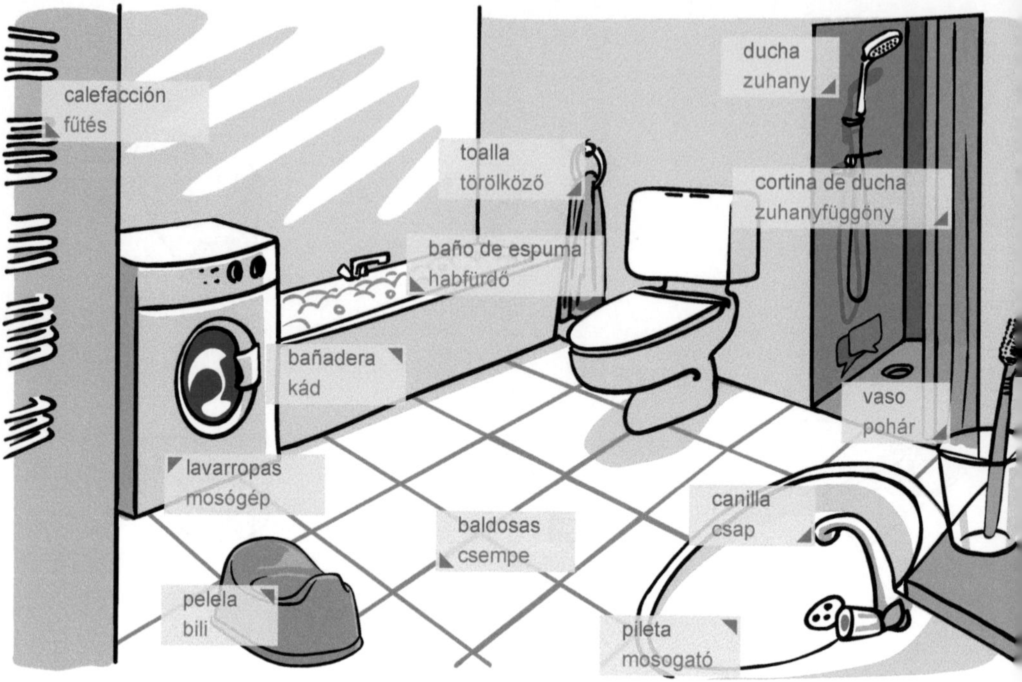

calefacción
fűtés
ducha
zuhany
toalla
törölköző
cortina de ducha
zuhanyfüggöny
baño de espuma
habfürdő
bañadera
kád
vaso
pohár
lavarropas
mosógép
canilla
csap
baldosas
csempe
pelela
bili
pileta
mosogató

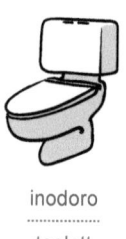

inodoro
toalett

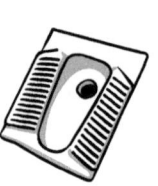

letrina
guggolós toalett

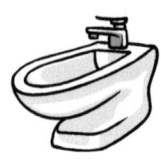

bidé
bidé

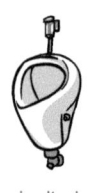

mingitorio
piszoár

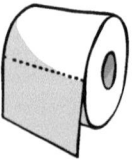

papel higiénico
toalett papír

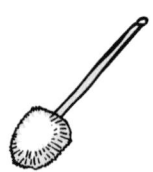

cepillo para el inodoro
wc kefe

cepillo de dientes

fogkefe

dentífrico

fogkrém

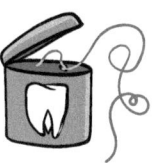

hilo dental

fogselyem

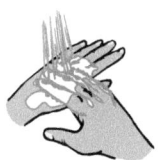

lavar

mosni

ducha de mano

kézi zuhany

ducha higiénica

intimzuhany

palangana

mosdótál

cepillo para espalda

hátmosó kefe

jabón

szappan

gel de ducha

tusfürdő

shampoo

sampon

toallita

mosdókesztyű

desagüe

lefolyó

crema

krém

desodorante

dezodor

espejo

tükör

espejito

kézitükör

maquinita de afeitar

borotva

espuma de afeitar

borotvahab

aftershave

borotválkozás utáni
arcszesz

peine

fésű

cepillo

hajkefe

secador de pelo

hajszárító

spray

hajlakk

maquillaje

smink

lápiz de labios

ajakrúzs

esmalte para uñas

körömlakk

algodón

vatta

tijera para uñas

körömvágó olló

perfume

parfüm

portacosméticos

neszesszer

banqueta

sámli

balanza

mérleg

bata

köntös

guantes de goma

gumikesztyű

tampón

tampon

toallita femenina

egészségügyi betét

baño químico

vegyi WC

cuarto de los chicos
gyerekszoba

despertador
ébresztő óra
peluche
plüssállat
coche de juguete
játékautó
sonajero
csörgő
casa de muñecas
babaház
regalo
ajándék

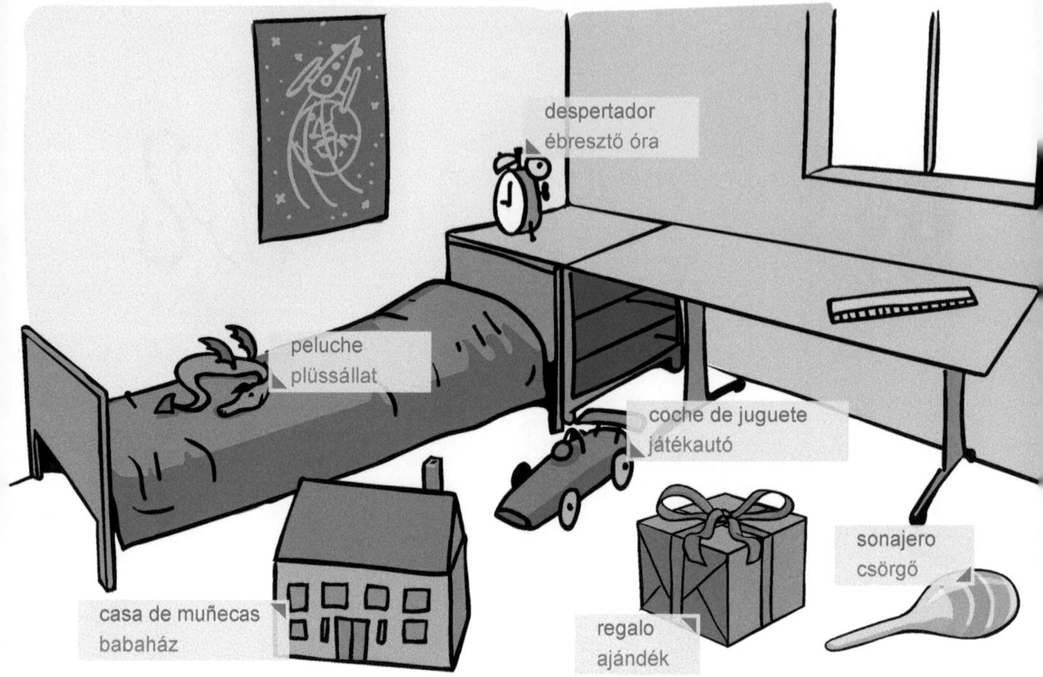

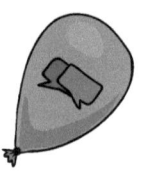

globo

lufi

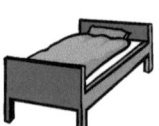

cama

ágy

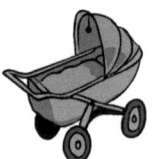

cochecito

babakocsi

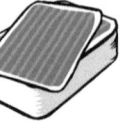

cartas

kártyapakli

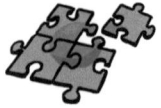

rompecabezas

kirakós játék

SUPER
MEGA

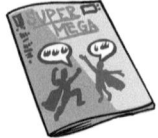

historieta

képregény

piezas de lego

építőkockák

ladrillos de juguete

építőelem

figura de acción

szuperhős

enterito (de bebé)

rugdalózó

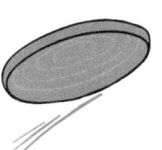

frisbee

frizbi

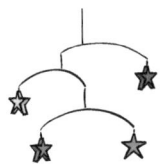

móvil para bebés

zenélő forgó

juego de mesa

társasjáték

dados

kocka

tren eléctrico

modellvasút

chupete

cumi

fiesta

zsúr

libro de cuentos ilustrado

képeskönyv

pelota

labda

muñeca

baba

jugar

játszani

arenero

homokozó

hamaca

hinta

juguetes

játékok

consola de videojuegos

videójáték konzol

triciclo

tricikli

osito de peluche

teddi maci

armario

ruhásszekrény

ropa
ruházat

medias

zokni

medias panty

harisnya

calzas

harisnyanadrág

bufanda
sál

paraguas
esernyő

remera
póló

cinturón
öv

zapatillas
tornacipő

botas
csizma

pantuflas
papucs

sandalias
szandál

zapatos
cipő

botas de goma
gumicsizma

ropa interior
alsónadrág

corpiño
melltartó

chaleco
mellény

ropa - ruházat
45

body

body

pantalones

nadrág

jeans

farmer

pollera

szoknya

blusa

blúz

camisa

ing

pulóver

pulóver

buzo

kapucnis pulóver

blazer

blézer

campera

dzseki

tapado

kabát

piloto

esőkabát

traje

kosztüm

vestido

ruha

vestido de novia

esküvői ruha

ropa - ruházat

traje

öltöny

camisón

hálóing

pijama

pizsama

sari

szári

pañuelo para cabeza

fejkendő

turbante

turbán

burka

burka

caftán

kaftán

abaya

abaya

traje de baño

fürdőruha

short de baño

fürdőnadrág

shorts

rövidnadrág

jogging

tréningruha

delantal

kötény

guantes

kesztyű

botón

gomb

anteojos

szemüveg

pulsera

karkötő

collar

nyaklánc

anillo

gyűrű

aro

fülbevaló

gorra

sapka

percha

vállfa

sombrero

kalap

corbata

nyakkendő

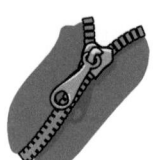

cierre

cipzár

casco

bukósisak

tiradores

nadrágtartó

uniforme escolar

iskolai egyenruha

uniforme

egyenruha

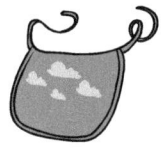

babero

előke

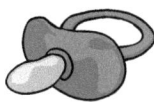

chupete

cumi

pañal

pelenka

oficina
iroda

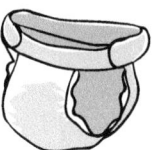

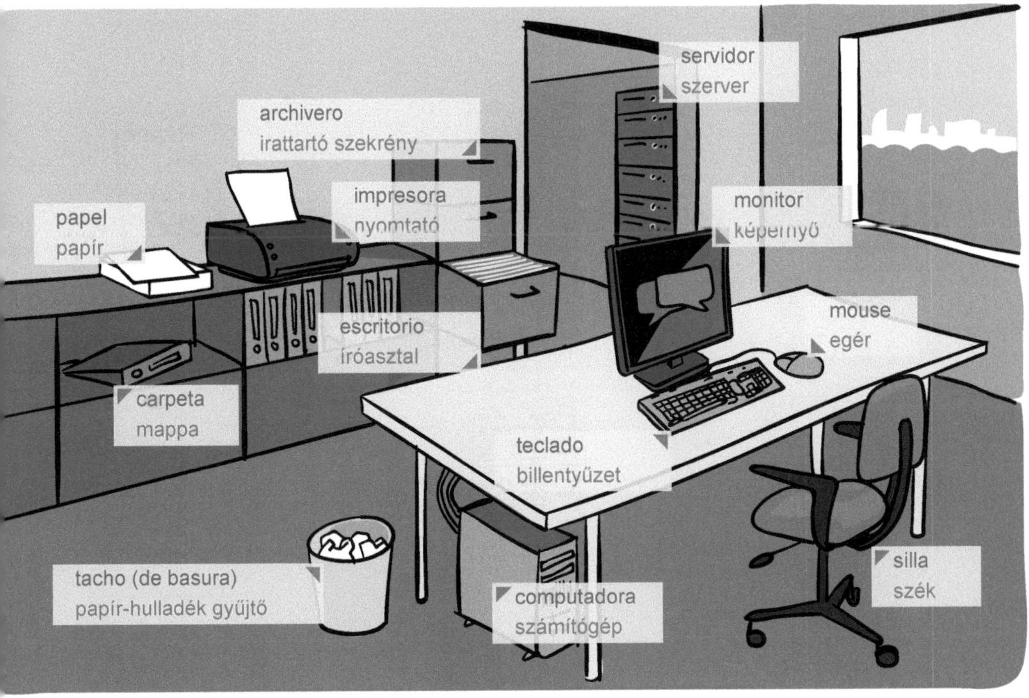
servidor
szerver
archivero
irattartó szekrény
impresora
nyomtató
papel
papír
monitor
képernyő
mouse
egér
escritorio
íróasztal
carpeta
mappa
teclado
billentyűzet
silla
szék
tacho (de basura)
papír-hulladék gyűjtő
computadora
számítógép

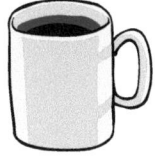

taza de café

kávéscsésze

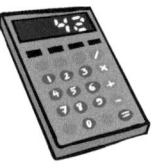

calculadora

számológép

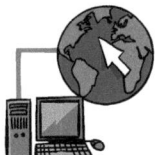

internet

internet

laptop
laptop

carta
levél

mensaje
üzenet

celular
mobiltelefon

red
hálózat

fotocopiadora
fénymásoló

software
szoftver

teléfono
telefon

tomacorriente
konnektor

fax
faxgép

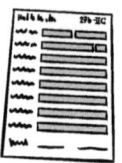

formulario
formanyomtatvány

documento
dokumentum

comprar

venni

pagar

fizetni

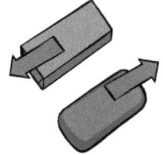

hacer negocios

kereskedni

dinero

pénz

 **USD**

dólar

dollár

 **EUR**

euro

euró

JPY

yen

jen

RUB

rublo

rubel

CHF

franco suizo

svájci frank

CNY

yuan

kínai jüan

INR

rupia

rúpia

cajero automático

bankautomata

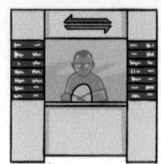

casa de cambio

valutaváltó iroda

oro

arany

plata

ezüst

petróleo

olaj

energía

energia

precio

ár

contrato

szerződés

impuesto

adó

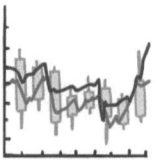

acción

részvény

trabajar

dolgozni

empleado

munkavállaló

empleador

munkaadó

fábrica

gyár

negocio

üzlet

ocupaciones
foglalkozások

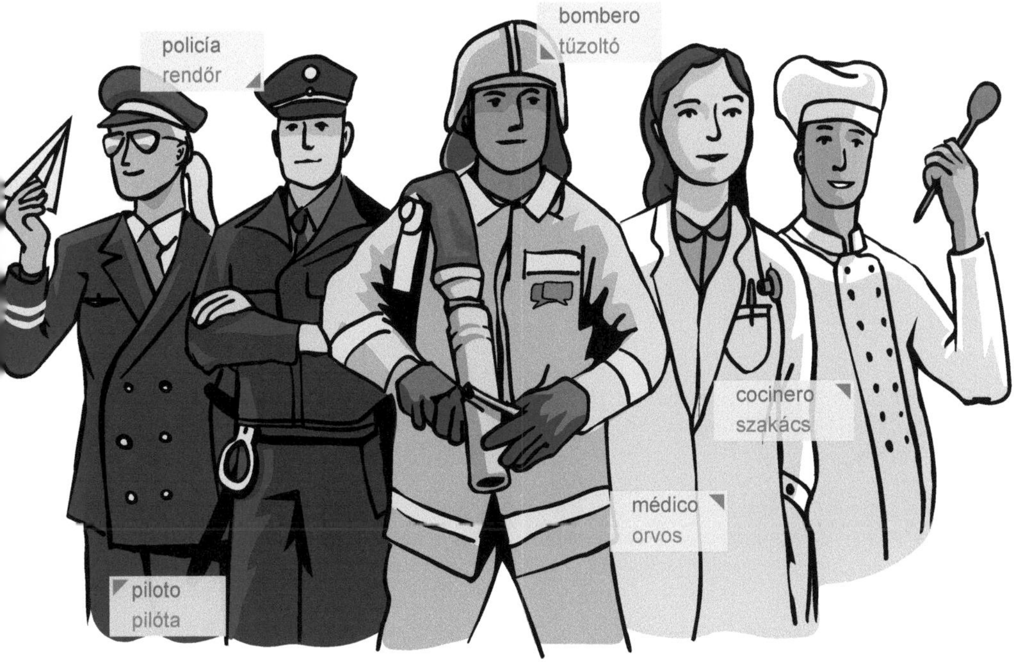

policía
rendőr
bombero
tűzoltó
cocinero
szakács
médico
orvos
piloto
pilóta

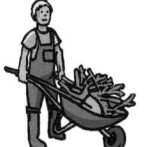

jardinero

kertész

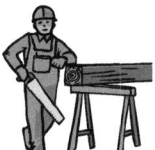

carpintero

kárpitos

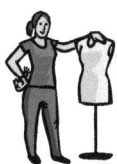

modista

varrónő

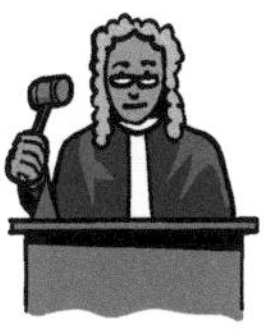

juez

bíró

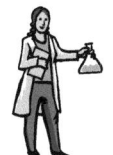

farmacéutico

vegyész

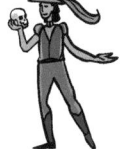

actor

színész

colectivero

buszsofőr

taxista

taxisofőr

pescador

halász

mucama

bejárónő

techista

tetőfedő

mozo

pincér

cazador

vadász

pintor

festő

panadero

pék

electricista

villanyszerelő

albañil

építőmunkás

ingeniero

mérnök

carnicero

hentes

plomero

vízvezeték-szerelő

cartero

postás

soldado
katona

arquitecto
építész

cajero
eladó

florista
virágos

peluquero
fodrász

cobrador
kalauz

mecánico
műszerész

capitán
kapitány

dentista
fogorvos

científico
tudós

rabino
rabbi

imán
imám

monje
szerzetes

sacerdote
lelkész

herramientas
szerszámok

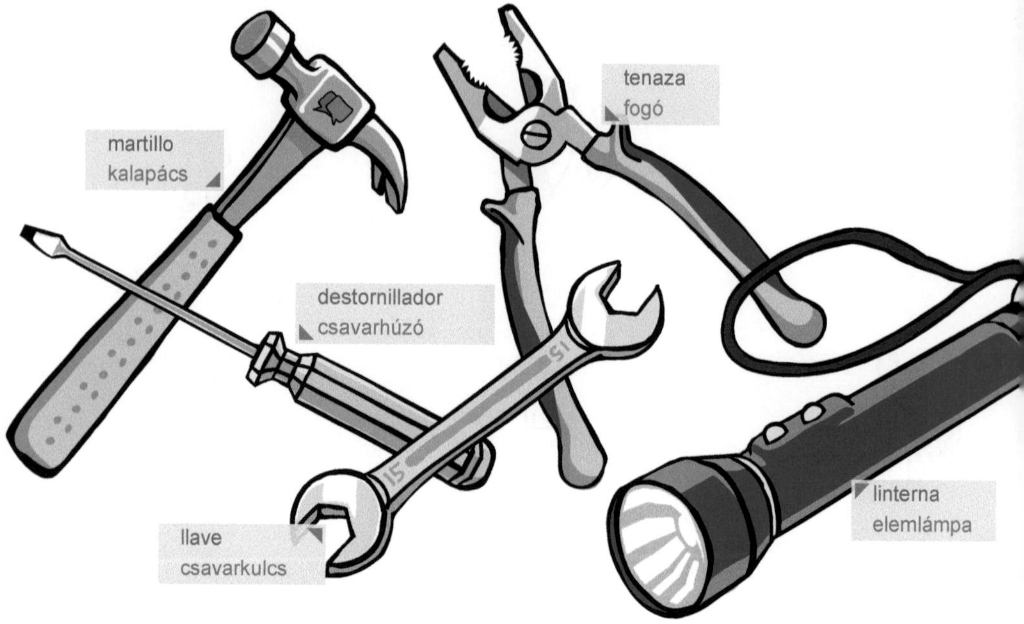

martillo
kalapács
tenaza
fogó
destornillador
csavarhúzó
llave
csavarkulcs
linterna
elemlámpa

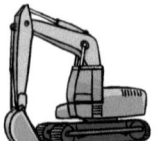

excavadora

markológép

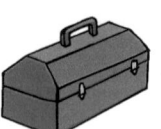

caja de herramientas

szerszámosláda

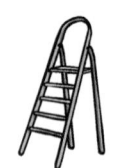

escalera portátil

vödör

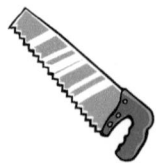

sierra

fűrész

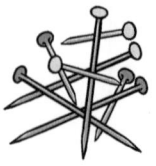

clavos

szög

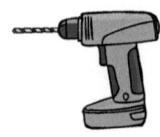

taladro

fúrógép

arreglar
....
megjavítani

pala de jardín
....
lapát

¡Qué bronca!
....
A francba!

pala de plástico
....
szemétlapát

tacho de pintura
....
festékesdoboz

tornillos
....
csavar

instrumentos musicales
hangszerek

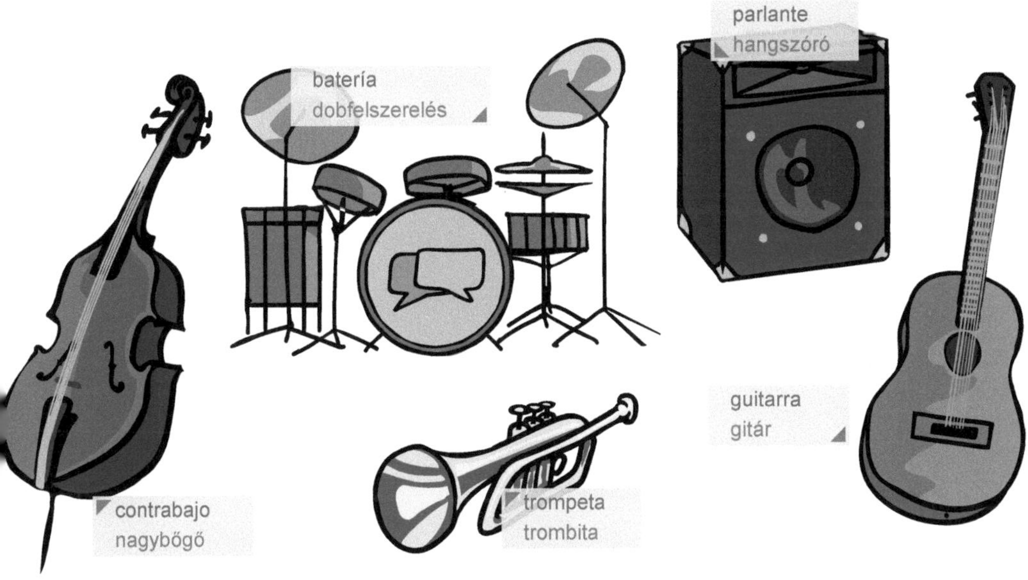

batería
dobfelszerelés

parlante
hangszóró

guitarra
gitár

contrabajo
nagybőgő

trompeta
trombita

piano

zongora

violín

hegedű

bajo

basszusgitár

timbales

üstdob

tambor

dobok

teclado

digitális zongora

saxofón

szaxofon

flauta

fuvola

micrófono

mikrofon

zoológico
állatkert

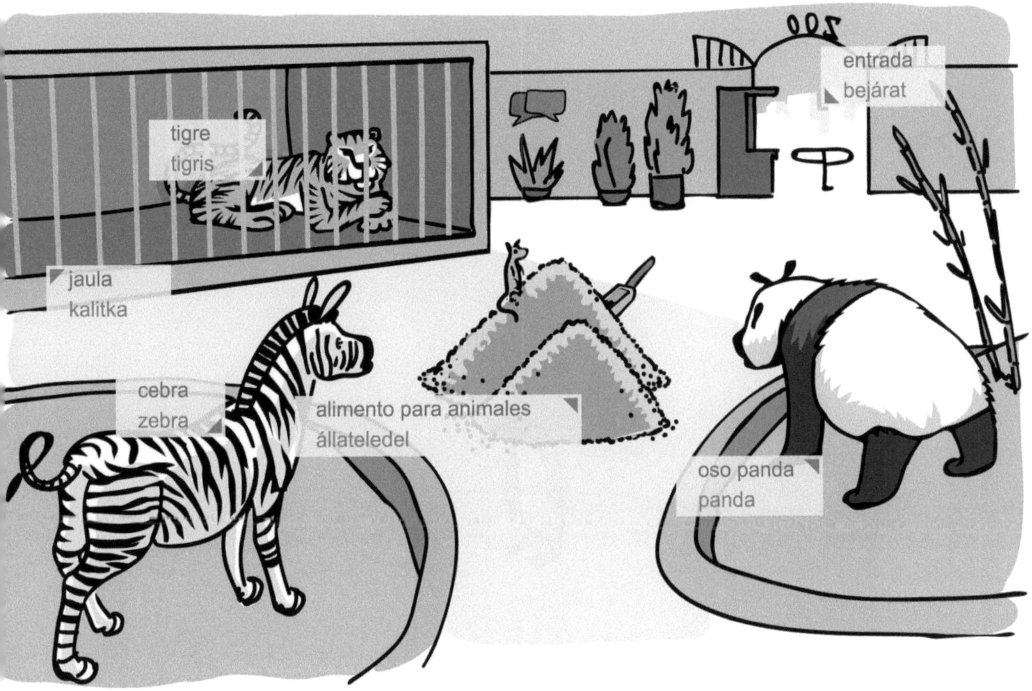

entrada
bejárat
tigre
tigris
jaula
kalitka
cebra
zebra
alimento para animales
állateledel
oso panda
panda

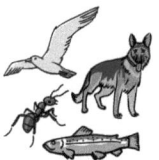

animales
állatok

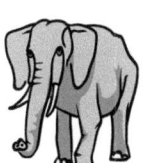

elefante
elefánt

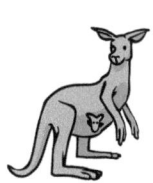

canguro
kenguru

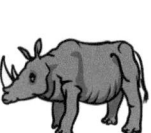

rinoceronte
orrszarvú

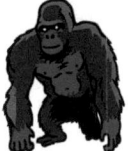

gorila
gorilla

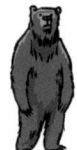

oso
medve

camello

teve

avestruz

strucc

león

oroszlán

mono

majom

flamenco

flamingó

loro

papagáj

oso polar

jegesmedve

pingüino

pingvin

tiburón

cápa

pavo real

páva

serpiente

kígyó

cocodrilo

krokodil

cuidador del zoológico

állatgondozó

foca

fóka

jaguar

jaguár

poni

póniló

leopardo

leopárd

hipopótamo

víziló

jirafa

zsiráf

águila

sas

jabalí

vaddisznó

pescado

hal

tortuga

teknős

morsa

rozmár

zorro

róka

gacela

gazella

fútbol americano
amerikai futball

ciclismo
kerékpározás

tenis
tenisz

básquet
kosárlabda

natación
úszás

boxeo
boksz

hockey sobre hielo
jégkorong

fútbol
futball

bádminton
tollas

atletismo
atlétika

handball
kézilabda

esquí
síelés

polo
lovaspóló

actividades
tevékenységek

saltar
ugrani
abrazar
ölelni
reír
nevetni
caminar
sétálni
cantar
énekelni
soñar
álmodni
rezar
dicsérni
besar
csókolni

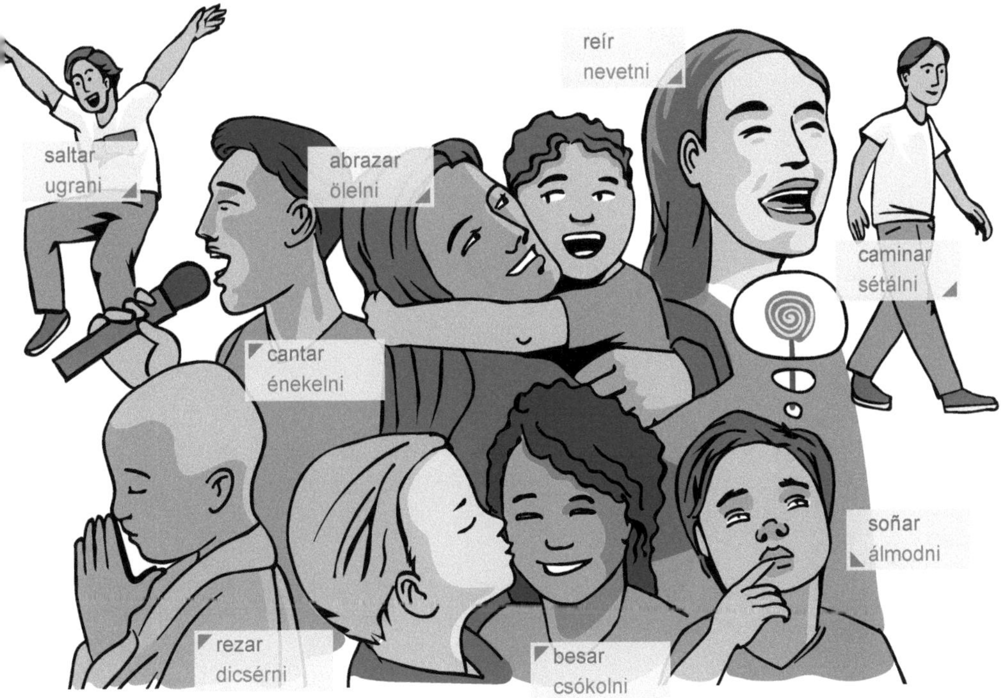

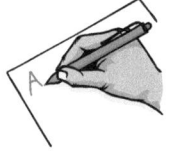

escribir

írni

dibujar

rajzolni

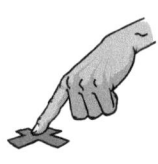

mostrar

mutatni

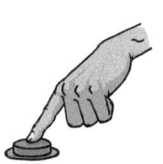

presionar

tolni

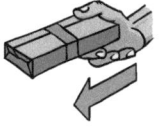

dar

adni

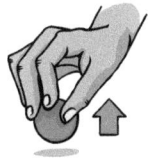

tomar

vinni

tener

birtokolni

hacer

csinálni

ser

lenni

estar parado

állni

correr

futni

tirar

húzni

tirar

hajít

caer

esni

estar acostado

hazudni

esperar

várni

llevar

vinni

estar sentado

ülni

vestirse

felvenni

dormir

aludni

despertar

felébredni

actividades - tevékenységek

mirar

ránézni

llorar

sírni

acariciar

simogat

peinar

fésülni

hablar

beszélni

entender

megérteni

preguntar

kérdezni

escuchar

hallgatni

beber

inni

comer

enni

ordenar

takarítani

amar

szeretni

cocinar

főzni

manejar

vezetni

volar

szállni

navegar

vitorlázni

calcular

számol

leer

olvasni

aprender

tanulni

trabajar

dolgozni

casarse

házasodni

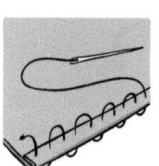

coser

varrni

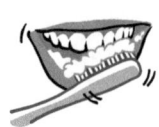

cepillarse los dientes

fogat mosni

matar

ölni

fumar

dohányozni

enviar

küldeni

abuela
nagymama

abuelo
nagypapa

padre
apa

madre
anya

bebé
kisbaba

hija
lány

hijo
fiú

invitado

vendég

tía

nagynéni

tío

nagybácsi

hermano

fiútestvér

hermana

lánytestvér

cuerpo

test

frente
homlok
ojo
szem
hombro
váll
dedo
ujj
cara
arc
pera
áll
mano
kéz
pierna
láb
pecho
mell
brazo
kar

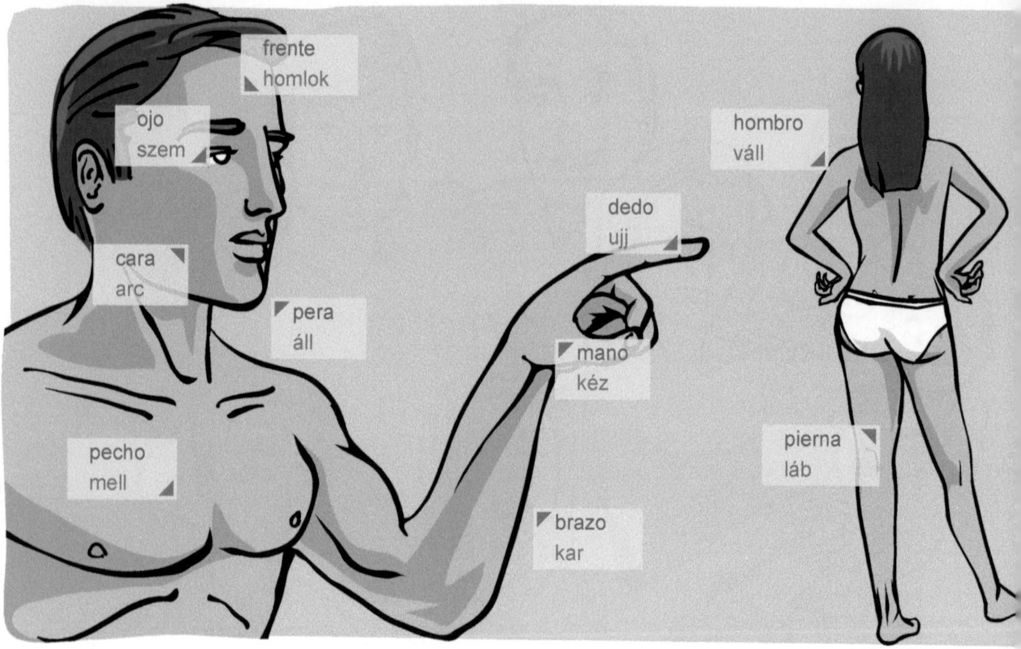

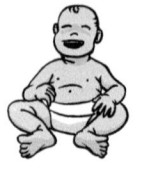

bebé

kisbaba

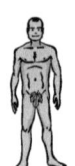

hombre

ember

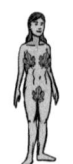

mujer

nő

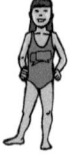

nena

lány

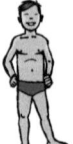

nene

fiú

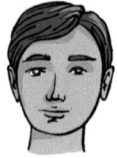

cabeza

fej

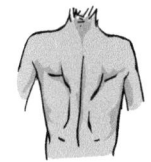

espalda
hát

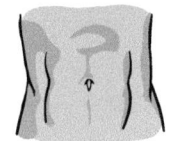

panza
has

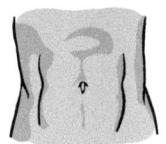

ombligo
köldök

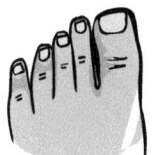

dedo del pie
lábujj

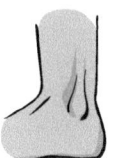

talón
sarok

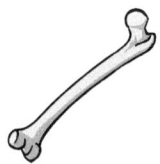

hueso
csont

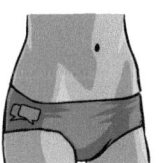

cadera
csípő

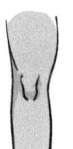

rodilla
térd

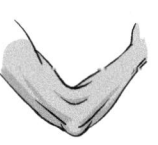

codo
könyök

nariz
orr

cola
fenék

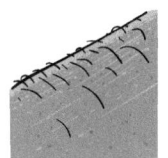

piel
bőr

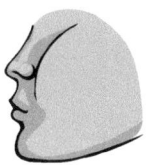

cachete
orca

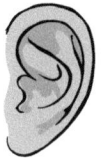

oreja
fül

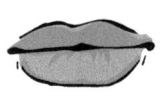

labio
ajak

boca

száj

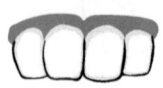

diente

fog

lengua

nyelv

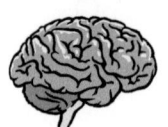

cerebro

agy

corazón

szív

músculo

izom

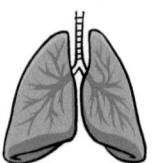

pulmón

tüdő

hígado

máj

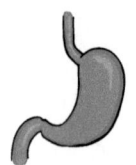

estómago

gyomor

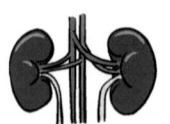

riñones

vese

sexo

szex

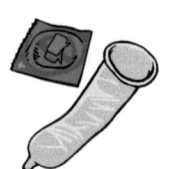

preservativo

kondom

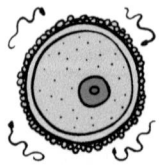

óvulo

petesejt

semen

sperma

embarazo

terhesség

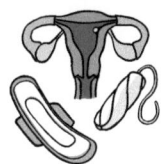

menstruación

menstruáció

vagina

vagina

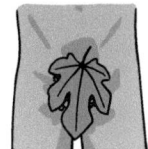

pene

pénisz

ceja

szemöldök

pelo

haj

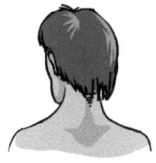

cuello

nyak

hospital
kórház

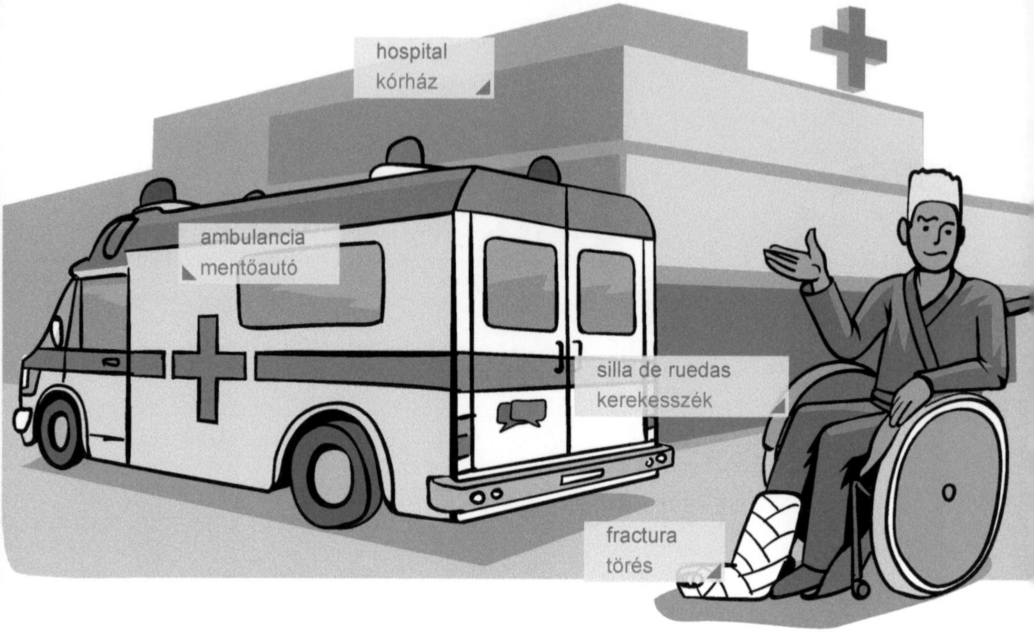

hospital
kórház
ambulancia
mentőautó
silla de ruedas
kerekesszék
fractura
törés

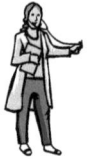

médico
orvos

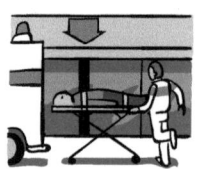

sala de guardia
sürgősségi osztály

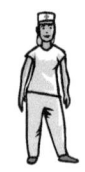

enfermera
ápoló

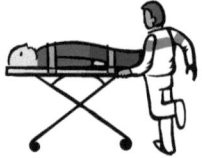

emergencia
vészhelyzet

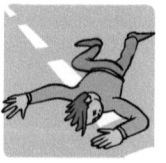

inconsciente
eszméletlen

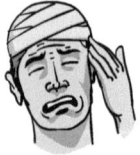

dolor
fájdalom

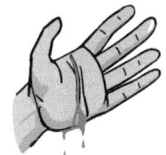

lesión

sérülés

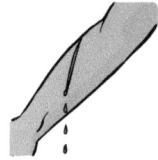

hemorragia

vérzés

infarto

szívroham

ACV

szélütés

alergia

allergia

tos

köhögés

fiebre

láz

gripe

influenza

diarrea

hasmenés

dolor de cabeza

fejfájás

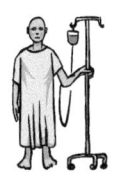

cáncer

rák

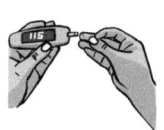

diabetes

cukorbetegség

cirujano

sebész

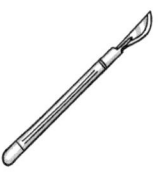

bisturí

szike

operación

műtét

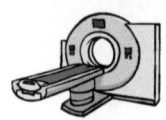

TC

CT

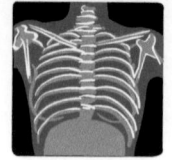

rayos x

röntgen

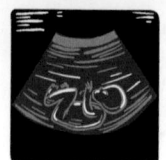

ecografía

ultrahang

barbijo

arcmaszk

enfermedad

betegség

sala de espera

váróterem

muleta

mankó

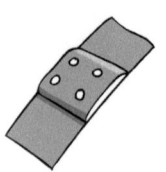

curita

sebtapasz

venda

kötszer

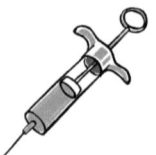

inyección

injekció

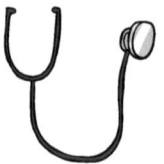

estetoscopio

sztetoszkóp

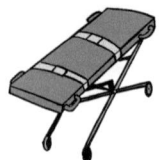

camilla

hordágy

termómetro

klinikai hőmérő

nacimiento

születés

sobrepeso

túlsúly

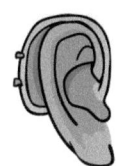

audífono

hallókészülék

desinfectante

fertőtlenítőszer

infección

fertőzés

virus

vírus

VIH / SIDA

HIV/AIDS

remedio

orvosság

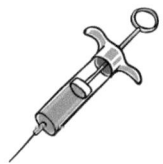

vacunación

oltás

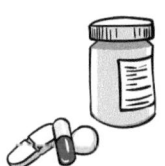

comprimidos

tabletták

pastilla anticonceptiva

tabletta

llamada de emergencia

sürgősségi hívás

tensiómetro

vérnyomásmérő

enfermo / sano

betegség / egészség

¡Ayuda!

Segítség!

alarma

riasztás

agresión

rajtaütés

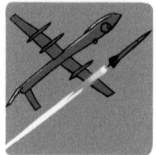

ataque

támadás

peligro

veszély

salida de emergencia

vészkijárat

¡Fuego!

tűz!

matafuego

tűzoltókészülék

accidente

baleset

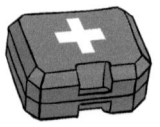

botiquín de primeros auxilios

elsősegélycsomag

SOS

SOS

policía

rendőrség

Europa

Európa

América del Norte

Észak-Amerika

América del Sur

Dél-Amerika

África

Afrika

Asia

Ázsia

Australia

Ausztrália

Atlántico

Atlanti-óceán

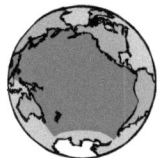

Pacífico

Csendes-óceán

Océano Índico

Indiai-óceán

Océano Antártico

Déli-óceán

Océano Ártico

Jeges-tenger

polo norte

Északi-sark

polo sur

Déli-sark

Antártida

Antarktisz

Tierra

föld

tierra

szárazföld

mar

tenger

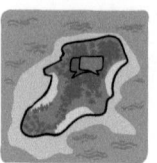

isla

sziget

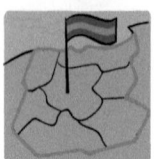

nación

nemzet

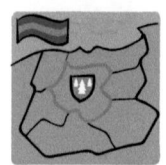

estado

állam

esfera

számlap

manecilla de las horas

kismutató

minutero

nagymutató

segundero

másodpercmutató

¿Qué hora es?

Mennyi az idő?

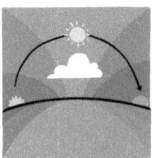

día

nap

hora

idő

ahora

most

reloj digital

digitális óra

minuto

perc

hora

óra

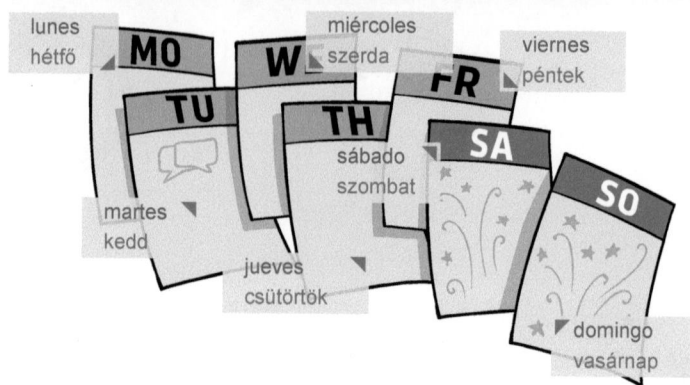

lunes
hétfő

miércoles
szerda

viernes
péntek

martes
kedd

sábado
szombat

jueves
csütörtök

domingo
vasárnap

ayer

tegnap

hoy

ma

mañana

holnap

mañana

reggel

mediodía

dél

tarde

este

MO	TU	WE	TH	FR	SA	SU
1	2	3	4	5	6	7
8	9	10	11	12	13	14
15	16	17	18	19	20	21
22	23	24	25	26	27	28
29	30	31	1	2	3	4

días hábiles

hétköznap

MO	TU	WE	TH	FR	SA	SU
1	2	3	4	5	6	7
8	9	10	11	12	13	14
15	16	17	18	19	20	21
22	23	24	25	26	27	28
29	30	31	1	2	3	4

fin de semana

hétvége

año
év

lluvia
eső
arco iris
szivárvány
nieve
hó
viento
szél
primavera
tavasz
otoño
ősz
verano
nyár
invierno
tél

4.APRIL 11°
5.APRIL 4°
6.APRIL 13°
7.APRIL 8°
8.APRIL 10°

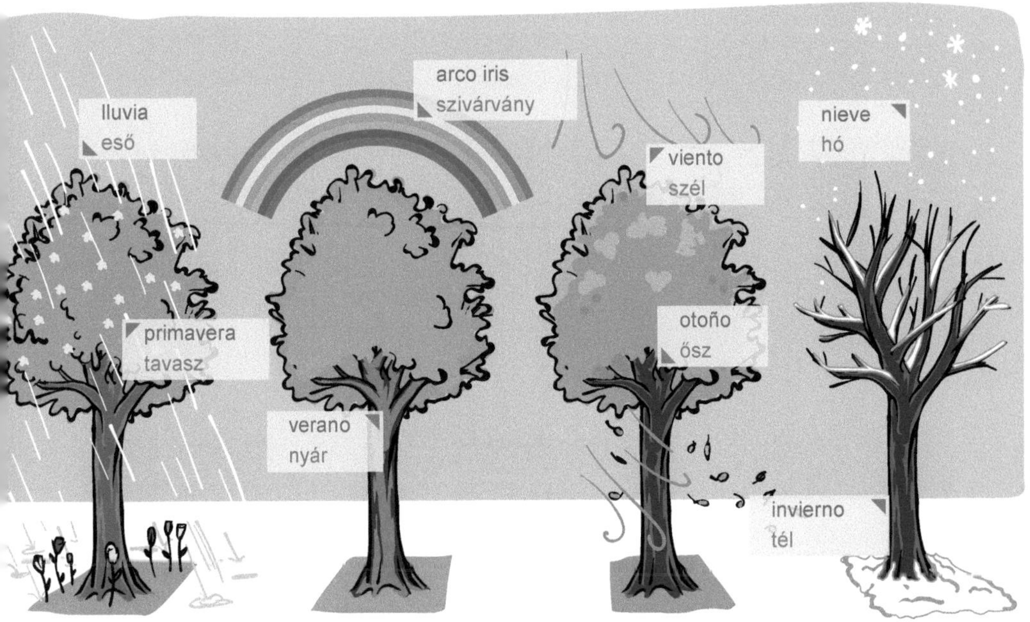

pronóstico meteorológico

időjárás előrejelzés

F C
120 40
90 30
60 20
30 10
0 0
-30 -10
-20

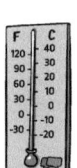

termómetro

hőmérő

luz del sol

napsütés

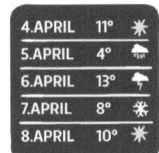

nube

felhő

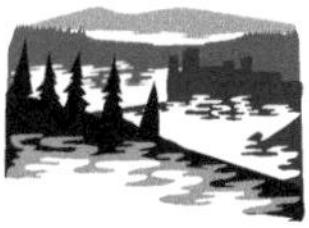

niebla

köd

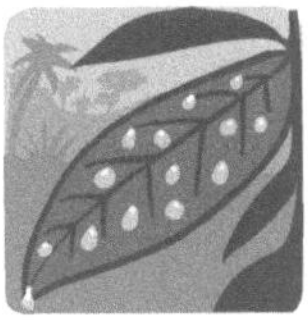

humedad

páratartalom

rayo
villámlás

trueno
mennydörgés

tormenta
vihar

granizo
jégeső

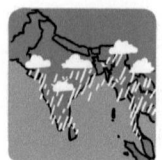

monzón
monszun

inundación
áradás

hielo
jég

enero
január

febrero
február

marzo
március

abril
április

mayo
május

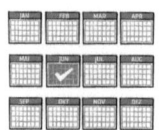

junio
június

julio
július

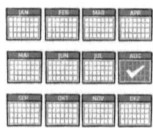

agosto
augusztus

año - év

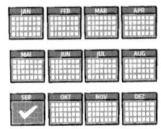

septiembre
....
szeptember

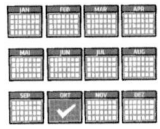

octubre
....
október

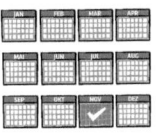

noviembre
....
november

diciembre
....
december

formas
alakzatok

círculo
....
kör

cuadrado
....
négyzet

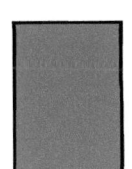

rectángulo
....
téglalap

triángulo
....
háromszög

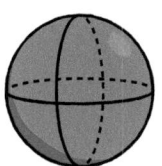

esfera
....
gömb

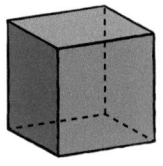

cubo
....
kocka

blanco
fehér

amarillo
sárga

naranja
narancs

rosa
rózsaszín

rojo
piros

violeta
lila

azul
kék

verde
zöld

marrón
barna

gris
szürke

negro
fekete

mucho / poco

sok / kevés

enojado / tranquilo

mérges / nyugodt

lindo / feo

szép / csúnya

principio / fin

kezdet / vég

grande / chico

nagy / kicsi

claro / oscuro

világos / sötét

hermano / hermana

fivér / nővér

limpio / sucio

tiszta / koszos

completo / incompleto

teljes / nem teljes

día / noche

nappal / éjszaka

muerto / vivo

halott / élő

ancho / angosto

széles / keskeny

comestible / no comestible

ehető / nem ehető

malo / amable

gonosz / kedves

entusiasmado / aburrido

izgatott / unott

gordo / flaco

kövér / vékony

primero / último

első / utolsó

amigo / enemigo

barát / ellenség

lleno / vacío

teli / üres

duro / blando

kemény / puha

pesado / liviano

nehéz / könnyű

hambre / sed

éhség / szomjúság

enfermo / sano

betegség / egészség

ilegal / legal

illegális / legális

inteligente / estúpido

intelligens / buta

izquierda / derecha

bal / jobb

cerca / lejos

közel / távol

nuevo / usado

új / használt

nada / algo

semmi / valami

viejo / joven

idős / fiatal

encendido / apagado

be / ki

abierto / cerrado

nyitva / zárva

silencioso / ruidoso

csendes / hangos

rico / pobre

gazdag / szegény

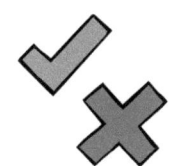

correcto / incorrecto

helyes / helytelen

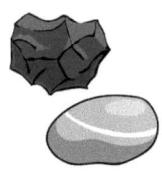

áspero / suave

érdes / sima

triste / contento

szomorú / vidám

corto / largo

rövid / hosszú

lento / rápido

lassú / gyors

mojado / seco

nedves / száraz

caliente / frío

meleg / hideg

guerra / paz

háború / béke

0	**1**	**2**
cero	uno	dos
nulla	egy	kettő

3	**4**	**5**
tres	cuatro	cinco
három	négy	öt

6	**7**	**8**
seis	siete	ocho
hat	hét	nyolc

9	**10**	**11**
nueve	diez	once
kilenc	tíz	tizenegy

12

doce
tizenkettő

13

trece
tizenhárom

14

catorce
tizennégy

15

quince
tizenöt

16

dieciséis
tizenhat

17

diecisiete
tizenhét

18

dieciocho
tizennyolc

19

diecinueve
tizenkilenc

20

veinte
húsz

100

cien
száz

1.000

mil
ezer

1.000.000

millón
millió

inglés

angol

inglés americano

amerikai angol

chino mandarín

mandarin kínai

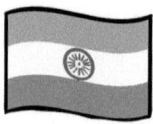

hindi

hindi

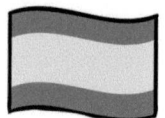

español

spanyol

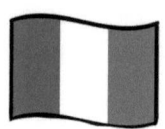

francés

francia

árabe

arab

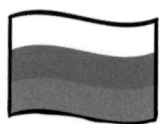

ruso

orosz

portugués

portugál

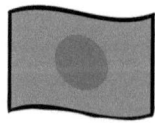

bengalí

bengáli

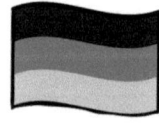

alemán

német

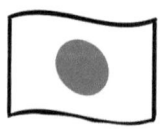

japonés

japán

yo

én

vos

te

él / ella

ő

nosotros

mi

ustedes

ti

ellos

ök

¿quién?

ki?

¿qué?

mi?

¿cómo?

hogyan?

¿dónde?

hol?

¿cuándo?

mikor?

nombre

név

detrás

mögött

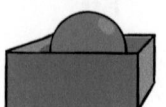

en

benne

adelante de

elötte

por encima de

felette

sobre

rajta

debajo de

alatta

al lado de

mellett

entre

között

lugar

hely